PANÉGYRIQUE

DE

JEANNE D'ARC

PRONONCÉ

DANS LA CATHÉDRALE D'ORLÉANS

Le Samedi 8 Mai 1886

POUR LE 457ᵉ ANNIVERSAIRE DE LA DÉLIVRANCE D'ORLÉANS

Par M. l'Abbé VIÉ

CHANOINE HONORAIRE

ET DIRECTEUR DU PETIT SÉMINAIRE DE LA CHAPELLE-SAINT-MESMIN

———

DEUXIÈME ÉDITION

ORLÉANS

H. HERLUISON, LIBRAIRE-ÉDITEUR

17, RUE JEANNE-D'ARC, 17

—

1886

PANÉGYRIQUE

DE

JEANNE D'ARC

> *Dominus hanc in illam pulchritu-*
> *dinem ampliavit, ut incomparabili*
> *decore omnium oculis appareret.*
>
> « Dieu a mis en elle une beauté
> toujours grandissante, qui la fait res-
> plendir à tous les yeux d'un éclat in-
> comparable. »
>
> (JUDITH, X, 4.)

MESSEIGNEURS [1],
MESSIEURS,

La France a eu, dans le passé, d'illustres enfants.

Depuis ce Franc, qui, en trois coups d'épée, transformait sa tribu en un grand peuple, dont il faisait à Reims le premier-né des peuples chrétiens, combien, dans notre histoire, de belles et héroïques figures !

C'est ce Charles, dont le bras tombe comme un marteau sur l'islamisme et l'arrête d'un seul coup à Poitiers ; c'est cet autre Charles, plus grand que le premier, qui relève un moment l'Empire romain, et fait luire sur le monde un

---

[1] Mgr Coullié, évêque d'Orléans ; Mgr Marmarian, évêque de Trébizonde ; Mgr Oury, évêque de Fréjus et de Toulon.

rayon de civilisation naissante entre deux âges de barbarie ; c'est, après deux siècles de recueillement, Godefroy et ses croisés, qui se lèvent au cri de *Dieu le veut*, se jettent sur l'Orient, et laissent de leurs prouesses un souvenir qui hante encore là-bas l'imagination populaire.

C'est le héros de Bouvines, c'est le fier chrétien qui fait asseoir la France comme une reine au milieu des nations, et les force à s'incliner devant la science de ses docteurs, les chefs-d'œuvre de ses artistes, la vaillance de ses chevaliers, et surtout devant la magnanimité et la sainteté de son roi.

Ce sont les du Guesclin, les Bayard, les Henri IV, et, pour arriver enfin à cet âge d'or qui marque la maturité de la France et l'apogée de l'esprit humain, ces rencontres de grands hommes que le monde n'a pas vues deux fois : Vincent de Paul donnant des conseils à Richelieu, Condé pleurant aux vers de Corneille, et Bossuet convertissant Turenne.

Quel tableau que celui de notre France entourée de ces nobles enfants, qui tous ont travaillé pour elle et mis sur son front quelque chose de leur vertu, de leur vaillance ou de leur génie !

Mais, Messieurs, parmi ces glorieuses figures, il en est une devant laquelle un Français s'arrête avec plus de fierté et d'émotion : c'est la figure de Jeanne d'Arc. Elle apparaît au déclin du moyen âge et à la veille des temps modernes, et, par un contraste qui la fait ressortir encore, c'est à l'heure la plus sombre de notre histoire qu'elle passe comme une apparition lumineuse, c'est à la porte du tombeau où la France va descendre qu'elle se tient debout comme l'ange de la Résurrection.

Nul n'a fait plus qu'elle pour la patrie : d'autres l'ont embellie et défendue, elle l'a sauvée et rachetée ; d'autres lui ont donné leurs veilles, leurs talents, leur vie, elle lui a donné son cœur de dix-neuf ans avec tout ce qu'il contenait d'héroïsme et de tendresse.

Je trouve en elle tout ce qu'il y a de meilleur dans le caractère français : la pureté, la douceur, le dévouement, la tendre piété, qui m'attirent dans nos Geneviève et nos Clotilde ; l'élan, l'intrépidité, le sang-froid devant le danger, en un mot, la bravoure qui m'enthousiasme dans nos Bayard et nos Lamoricière ; le langage net et incisif, le bon sens étincelant qui déconcerte les subtilités, les mots naïfs qui me charment dans Joinville, les cris sublimes qui m'étonnent dans Pascal ; et avec tous ces dons, d'autres qui les rehaussent encore, la jeunesse, l'inspiration, la gloire, le martyre.

Dieu réunit en elle tous les traits qui peuvent embellir une âme, il les fond avec un art divin, et il met, dans le développement de sa beauté, une gradation qui la rend plus belle encore, *pulchritudinem ampliavit*.

Il la fait briller d'un premier rayon, pur comme le matin, dans l'idylle de Domrémy.

Il lui donne la splendeur du soleil à son midi, dans l'épopée triomphante d'Orléans et de Reims.

Enfin, au soir de cette vie, courte comme une journée, dans le drame tragique de Rouen, il achève sa beauté par un dernier resplendissement qui n'est plus de la terre.

Je vais, Messieurs, essayer de suivre avec vous ce progrès de Jeanne d'Arc dans la beauté, et de vous la montrer s'élevant, comme par degrés, de la grâce naïve de l'innocence à l'éclat de la gloire, et de là à la hauteur sublime

du martyre. Je ne l'oserais pas si je ne savais à quel audi-
toire je parle : louer Jeanne d'Arc, c'est dire la résurrection
de la France et la gloire d'Orléans ; quelle que soit la voix
qui la raconte, cette histoire est toujours nouvelle et toujours douce à des oreilles françaises et orléanaises.

Monseigneur,

Quand vous m'avez demandé l'acte d'obéissance que
j'accomplis en ce moment, vous l'avez fait « au nom de
notre commun Maître ». J'ai bien compris que vous parliez
de Notre-Seigneur Jésus-Christ, et je me suis incliné.

Aurais-je pu ne pas penser aussi à un autre Maître qui
fut le vôtre et le mien ? Vous avez été, Monseigneur, son
disciple bien-aimé ; mais son cœur avait des tendresses
pour les derniers de ses enfants, et le souvenir de sa bonté
sera le plus doux de ma vie.

Sa grande âme est ici, Messieurs, qu'elle anime ma faible
parole ; ou plutôt qu'il vous parle lui-même de la Religion
et de la Patrie qu'il a tant aimées, et qu'il fasse encore
une fois vivre et resplendir devant vous cette figure de
Jeanne d'Arc qu'il a maintenant « retrouvée et reconnue »
là-haut, et dont ce discours, je le sens, ne tracera qu'une
imparfaite ébauche.

I

Dieu qui a fait la France, et l'a entourée, pour la défendre
de toutes parts, comme d'une ceinture de mers et de mon-
tagnes, a cependant laissé, au milieu de ces remparts natu-
rels, une brèche ouverte ; mais il y a mis deux gardiennes,
l'une en avant, l'autre en arrière des Vosges : l'Alsace et la
Lorraine.

Grand'gardes de la Patrie, elles sont toujours à leur
poste, elles avancent aux jours de gloire, elles reculent
aux jours de deuil. S'il faut quitter le Rhin, elles s'appuient
aux Vosges ; s'il faut céder encore, elles abandonnent,
pour un temps, les plaines de la Moselle ; mais, il y a une
ligne en deçà de laquelle elles ne reculent pas, c'est celle
longue bande verdoyante qui s'étend du plateau de Langres
à la pointe de Givet, c'est la vallée de la Meuse.

Cette ligne-là, Messieurs, votre science militaire l'a rendue
désormais infranchissable ; elle a été entamée quelquefois
dans le passé, mais, après les luttes les plus longues, elle
a toujours fini par rester à la France.

C'est dans cette vallée toujours française que devait naître
Jeanne d'Arc ; là devait grandir son enfance, paisible
comme les eaux de la Meuse, gracieuse comme les fleurs
qui en émaillent les prairies, sereine comme les collines
boisées qui en découpent l'horizon.

Voyez-vous, dans le village de Domrémy, cette simple

maison où elle est née : on y lit encore, au-dessus de la porte, les deux mots « *Vive labeur* », noble devise de ses parents, braves travailleurs comme tous nos paysans français ; on y voit encore sa petite chambre de jeune fille et celle, plus grande, où elle travaillait avec sa mère, le jour aux soins du ménage, le soir à ses fuseaux. C'est ici le petit jardin dont elle a cueilli l'herbe et arrosé les fleurs ; tout à côté, voici l'église où elle allait prier, la Vierge devant laquelle on l'a vue si souvent les mains jointes, le clocher d'où s'échappait le joyeux tintement de l'*Angelus* au son duquel elle s'agenouillait dans les champs ; plus loin, c'est le pré commun où elle conduisait à son tour le troupeau du village ; là-bas, Notre-Dame de Bermont où elle tressait des guirlandes aux premiers jours de mai, et l'arbre des Dames où elle fêtait chaque année le beau dimanche *des Fontaines*.

Car telle fut l'enfance de Jeanne d'Arc : celle d'une petite paysanne, naïve, pure, laborieuse, et sachant pour toute science invoquer le Père qui est aux cieux et saluer la Vierge pleine de grâce. Elle était, dira plus tard son amie Hauviette, « la meilleure enfant du village, bonne, douce, bien rangée en toute chose, assidue à l'église, et rougissant quand on lui disait qu'elle y allait trop souvent. »

Partagées entre la prière, les travaux des champs et les joies innocentes, les premières années de Jeanne la bergère étaient heureuses, et « la Providence qui prévoyait les orages du soir, répandait ainsi, par une touchante compensation, la paix et la joie sur son matin, *ad vesperum..... fletus, ad matutinum lætitia* ».

Ne vous étonnez pas, Messieurs, de ces commencements si obscurs et si simples.

Quand une âme doit s'élever au-dessus du vulgaire, Dieu lui donne d'abord, comme deux ailes, la simplicité et la pureté : c'est le premier trait qu'il dessine, et déjà l'esquisse est digne de l'artiste divin. Pour faire un chef-d'œuvre, il prend d'abord ce que Bossuet appelle un cœur vierge, ce qu'il compare à une glace parfaitement nette, à un diamant sans tache, à une fontaine limpide, à un miroir qui réfléchit le ciel. Mais cette pureté n'est pas encore la beauté. Ce n'est pas le prisme qui est beau, c'est la lumière qui se décompose en le traversant ; ce n'est pas le lac, c'est le ciel sans nuage qui s'y reflète ; ce n'est pas le vase d'albâtre, c'est la flamme intérieure qui brille à travers ses parois transparentes. Quand une âme est pure, allumez en elle un grand amour qui l'embrase et la fasse resplendir, et vous aurez la première apparition de la beauté morale, *caritas de corde puro.*

Linnée voyait passer Dieu dans une fleur ; j'ai vu, Messieurs, un spectacle plus ravissant : des enfants de quinze ans qui portaient déjà une grande pensée, un grand amour dans un cœur que le vice n'avait pas touché, *caritas de corde puro.*

Comment cette flamme intérieure va-t-elle s'allumer dans l'âme de Jeanne d'Arc, et la faire rayonner de son premier éclat? Écoutons-la, Messieurs, le raconter elle-même ; aucune parole n'aurait ici l'autorité et le charme de la sienne.

« J'avais à peu près treize ans, j'étais dans le jardin de mon père, un jour d'été vers l'heure de midi ; j'entendis une voix, à ma droite, du côté de l'église, et je vis en même temps une apparition entourée d'une grande clarté ; elle avait l'extérieur d'un homme très vertueux, et sa voix me remplissait d'un grand respect. Comme j'étais une toute jeune enfant, j'eus peur et je doutai fort. A la troisième fois, je reconnus l'archange saint Michel ; il m'enseigna et me montra tant de choses, qu'à la fin je crus fermement que c'était lui. »

N'avez-vous pas remarqué, Messieurs, la douceur et la sincérité de ce langage? Elle a peur, elle doute, enfin elle croit. Et pourquoi croit-elle? « Parce que, c'est encore elle qui parle, j'ai vu saint Michel, sainte Catherine et sainte Marguerite aussi clairement que je vous vois ; leurs voix ne m'ont donné que de bons conseils, elles m'ont prédit tout ce qui m'est arrivé, et, pendant sept années, je les ai entendues presque tous les jours. » Qui douterait de ces affirmations si nettes, soutenues par Jeanne, sans contradiction, sans défaillance, devant ses juges et jusque dans les flammes de son bûcher ?

Voilà donc, Messieurs, un dialogue engagé entre le ciel et une enfant ; voilà un archange et des saintes qui conversent journellement avec elle ; et de quoi s'agit-il dans ces entretiens ?

Ses voix lui parlent de la France.

L'entendez-vous, Français ? Il y a une terre qui attire les regards des saints ; il y a une patrie qui est encore aimée dans cette seconde vie où se conserve tout ce qui était bon dans la première ; il y a une race d'hommes dont les prospérités et les malheurs émeuvent les anges de Dieu, et cette terre, cette race qui inspire de telles sympathies au ciel et fait tressaillir le paradis lui-même, c'est la nôtre.

Quand l'amour de cette patrie s'éteint, des envoyés de Dieu viennent le rallumer. Écoutez, Messieurs, comment les anges et les saintes enseignent cet amour, et comment Jeanne y forme son cœur à leur école.

Ses voix lui disent d'être bonne, et Jeanne, déjà si douce, devient la charité même ; elle fait l'aumône, elle console et nourrit les malheureux, elle cède son propre lit aux malades, elle soigne les vieillards et se fait, pour ainsi dire, la première petite sœur des pauvres.

Ses voix lui disent d'être pieuse, et Jeanne prie en travaillant ; elle se confesse plus souvent, elle va tous les matins à la messe, et à la vue de la sainte hostie elle ne peut retenir ses larmes.

Ses voix lui disent d'être pure, et Jeanne comprend que pour aimer la France comme Dieu le veut, elle ne doit pas partager son cœur, et elle fait vœu de virginité.

Et quand elle s'est élevée ainsi dans la pureté, dans la piété, dans la charité, quand son âme s'est purifiée, élargie, attendrie, l'Archange frappe le dernier coup et met devant ses yeux « la grande pitié qui est au royaume de France. »

Quelle est donc cette grande pitié ?

Crécy, Poitiers, Azincourt, Verneuil ? Non, Messieurs ; ce sont là des défaites, et la France ne meurt pas de ses défaites, fussent-elles des désastres : vaincue, elle impose le respect, elle ne fait pas pitié.

Ce que l'Archange montre à Jeanne d'Arc, ce n'est pas un peuple blessé : les blessures d'un soldat sont glorieuses ; c'est un peuple tombé, et de quelle chute ? de Louis IX le saint à Charles VI l'insensé et de Blanche de Castille à Isabeau de Bavière ; c'est un peuple malade et sa maladie est honteuse. Voyez ses plaies : à sa tête, un roi fou, une femme qui est tout à la fois une mauvaise reine, une mauvaise épouse et une mauvaise mère, un Dauphin sans courage, et des princes parjures et fratricides qui s'embrassent le matin et se poignardent le soir ; dans ses mains, le couteau des sicaires a remplacé l'épée des preux, les armées sont des bandes de pillards, et le beau nom de soldat est déshonoré par des brigands. Le peuple lui-même est affolé par la misère : à Paris, il est tour à tour révolté et écrasé; dans les campagnes, il promène le massacre et l'incendie. Dix provinces ont acclamé l'étranger; dans les autres il y a des Armagnacs et des Bourguignons, il n'y a plus de Français : le corps entier de la nation se dissout et se décompose. La vie n'y est pas éteinte, le cœur bat toujours, puisque Orléans lutte encore, mais il est menacé ; cette fois la plaie est profonde et la France peut en mourir. Déjà ses ennemis la tournent en dérision: *hæccine est urbs, dicentes, perfecti decoris;* le voilà donc, disent-ils, le pays de l'honneur chevaleresque! *gaudium universæ terræ,* le plus beau des royaumes après celui du ciel ! Et ils insultent à son agonie.

La France peut mourir, et si elle meurt ce sera dans la honte : voilà « la grande pitié ! »

Ah ! je comprends que l'ange gardien de la Patrie s'émeuve, qu'il se montre et qu'il parle, je comprends qu'à sa voix l'enfant de Domrémy s'enflamme et se transfigure. Messieurs, le froid récit d'un historien nous remue et nous arrache des larmes, en nous racontant nos malheurs passés; que produira dans l'âme de Jeanne d'Arc la parole vibrante d'un Archange, ou plutôt la vive et saisissante représentation de la France qui se meurt? Ce qu'elle produira? Un amour toujours grandissant, qui domptera toutes ses faiblesses, s'emparera de toutes ses énergies et finira par être invincible.

Va en France ! Ce cri qui lui faisait peur commence à la charmer. « Je ne sais ni chevaucher ni conduire la guerre, » disait-elle, et bientôt elle chevauchera et maniera l'épée. Quitter sa mère et ses compagnes, cette seule pensée la troublait, et maintenant elle veut obéir à ses voix. Il est vrai que, par une exquise délicatesse de cœur, elle cachera son départ ; la pauvre Hauviette ne lui dira pas adieu, et elle en pleurera longtemps; mais eût-elle

« cent pères et cent mères » Jeanne partira. Timide, irréso-
lue et tremblante, à la voix de Dieu, et au spectacle de la
grande pitié de la France, elle est devenue ferme, intrépide
et prête à l'action. Entre Jeanne et la France, maintenant,
c'est à la vie, à la mort. Que voulez-vous, elle aime. La
flamme intérieure est allumée, et son âme tout entière en
resplendit. Son patriotisme s'est agrandi, élevé et ennobli,
au point de ne faire plus qu'un en elle avec l'amour de
Dieu, et je puis dire de son amour pour la France ce qu'un
de ses contemporains disait de l'amour de Jésus-Christ. A
chacun des cris de l'auteur de l'Imitation, la parole ardente
de Jeanne répond comme un écho :

L'amour est une grande chose. Rien n'est plus doux.
« *J'en étais merveilleusement réjouie.* » — Rien n'est plus
fort. « *Dussé-je user mes jambes jusqu'aux genoux, je par-
tirai.* » — Rien ne retient l'amour. « *Je ne pouvais plus
durer.* » — Il ne recule pas devant l'impossible. « *Rien
n'est impossible à Dieu.* » — Il court, il vole. « *Partons,
plutôt aujourd'hui que demain, plutôt demain qu'après.* »
— L'amour est né de Dieu. « *C'est l'ordre de Messire, que
je fasse lever le siège d'Orléans et sacrer le roi à Reims.* »

Va donc, fille de Dieu, va ! C'est pour cela que tu es née.
Prends l'épée que t'offre Baudricourt et le cheval que te
donnent les bonnes gens de Vaucouleurs. Chevauche hardiment sur le chemin de Chinon : la France t'attend, les
anges te suivent et Dieu te mène. Pars ; mais au moment
où tu quittes pour toujours tes prairies, laisse-nous jeter
un dernier et rapide regard sur la beauté de ton enfance.
Ton front va s'illuminer là-bas d'un rayon plus triomphant,
il n'en trouvera pas qui soit plus pur et plus doux.

II

Tout est changé désormais dans la vie de Jeanne, les horizons sont élargis, elle a devant elle non plus la vallée de la Meuse, mais la France entière ; au silence de la prairie va succéder le tumulte des camps, à ses paisibles travaux le feu des batailles ; déjà ses mains habituées à la houlette tiennent la lance et l'épée, et sa petite robe rouge de paysanne a fait place à la cuirasse des chevaliers. A la beauté riante et suave comme les fleurs qu'elle aimait, va succéder une beauté forte et étincelante comme l'éclat de son armure : *Fortitudo et decor indumentum ejus.*

Suivons-la, Messieurs, dans cette carrière où elle s'élance avec l'Ange des combats, et où tous ses pas sont des victoires.

A peine elle a quitté Vaucouleurs, que déjà elle laisse derrière elle comme une traînée lumineuse de confiance renaissante : avec une escorte de six écuyers, elle fait cent cinquante lieues à travers les lignes anglaises. A Chinon, elle ravit les courtisans par sa grâce et son aisance, et déconcerte les habiles par sa hardiesse et sa droiture. Le roi se cache, elle va droit à lui, et d'un mot lui rend le cœur et l'espérance. A Poitiers, on la met en vain à l'épreuve ; elle ne sait ni A ni B, mais la lucidité de ses réponses, les éclairs de son bon sens éblouissent les logiciens de l'Université, et d'un mot elle renverse leur lourde argumentation, comme elle enlèvera d'un seul coup les boulevards des Anglais.

Mais il lui faut d'autres triomphes que ceux-là : qu'on lui donne des hommes d'armes, « peu ou beaucoup », qu'on la mène devant Orléans, puisqu'on veut un signe de sa mission, c'est là qu'elle fera des miracles. Elle le dit, Messieurs, et sa parole est si nette, si assurée, si entraînante, qu'elle persuade les plus sceptiques et les plus désespérés. En quelques jours elle est à Blois avec une petite armée, et Avril s'achève à peine qu'elle apparaît de l'autre côté de la Loire, en face d'Orléans.

Levez-vous, braves assiégés, les derniers tenants du vieil honneur français, Dunois, Xaintrailles, La Hire, Jean-le-Lorrain, archers et bourgeois, femmes et enfants de la Ville fidèle, écoutez les échos de ce *Veni Creator*; montez sur ces vieux bastions où monta, il y a dix siècles, votre saint Aignan, et comme lui regardez vers le Midi ce cortège où les prêtres se mêlent aux soldats et les lances aux bannières : c'est encore le secours de Dieu.

L'Anglais vous a enfermés dans un cercle de bastilles, et depuis sept mois le cercle se resserre tous les jours. Les Tourelles sont tombées après six heures de combat ; vos faubourgs sont détruits, vos églises brûlées, vos murailles ébranlées ; depuis la funeste journée de Rouvray, vous luttez fièrement et gaiement, mais sans espérance.

L'espérance, la voilà revenue avec cette enfant que vous attendez et que Dieu vous envoie. Vainement on l'a trompée, vainement on a mis entre elle et vous le fleuve et les Anglais, vainement on l'oblige à renvoyer à Blois son armée ; Dieu fera un prodige, elle traversera la Loire, elle passera sous le feu des bastilles anglaises, et demain elle sera à la porte Bourgogne avec deux cents lances. Vos ponts-levis s'abaisseront devant elle ; vous la verrez armée de toutes pièces, montée sur un cheval blanc, précédée de sa blanche bannière; vous vous presserez autour d'elle, vous baiserez ses mains et la trace de ses pas, et en la voyant si tranquille et si intrépide, vous comprendrez que Dieu lui-même est avec elle, et vous vous sentirez « tout réconfortés et comme désassiégés. »

Et maintenant Jeanne est à l'œuvre : les coups d'éclat vont se succéder avec cette rapidité, cette soudaineté qui est à la guerre le signe du génie. Le siège dure depuis sept mois; si on la laissait faire, il serait levé en un jour. On a beau attendre, hésiter, délibérer. Les hommes ont leur conseil, Jeanne a le sien; elle le suivra, et trois jours lui suffiront pour arrêter, épouvanter et terrasser l'Anglais, trois jours, pour sauver Orléans et ressusciter la France.

La voyez-vous se précipiter seule, au galop, au milieu des éclairs qui jaillissent sous les pieds de son cheval ? Le sang français coulait, et son méchant garçon de page ne le lui disait pas ; elle s'est éveillée, et elle vole comme la foudre vers la bastille de Saint-Loup. Qui lui a dit qu'on s'y battait ? Ses voix, sans doute, et elles ne l'ont pas trompée. La porte Bourgogne est encombrée de blessés; à la vue de leur sang, Jeanne ne se contient plus, elle rallie les fuyards, pousse droit à l'ennemi, le refoule dans ses retranchements, y entre avec lui, et en moins de trois heures la bastille est enlevée : c'est sa première victoire.

Deux jours après, sa bannière flotte sur les Augustins, comme elle a flotté à Saint-Loup; en deux coups d'épée, elle a dégagé les deux rives du fleuve, Orléans est débloqué.

Reste la redoutable forteresse des Tourelles : c'est la citadelle d'Orléans, et l'ennemi en a fait une place imprenable. Au nord, il s'est fortement retranché sur le pont dont il a rompu deux arches; au midi, il a construit, en avant, un second boulevard : c'est maintenant une triple enceinte, couronnée par une artillerie formidable, défendue par les meilleurs chevaliers anglais, et commandée par le plus insolent de leurs capitaines, Glasdale. Le conseil a décidé qu'on ne tenterait pas une attaque impossible, et Gaucourt a fait fermer les portes d'Orléans. Mais la Pucelle a communié le matin, et, invincible comme le Christ de l'Ascension, elle force le passage et entraîne tout après elle. A six heures, elle traverse la Loire, radieuse comme le soleil du matin qui se lève à l'horizon. Alors commence cette inoubliable journée. L'attaque est furieuse, la défense désespérée ; l'Anglais se bat comme s'il désirait la mort, le Français comme s'il se croyait immortel. Jeanne n'a pas d'artillerie, elle paie de sa personne : elle est au pied des remparts, dresse une échelle et monte à l'assaut; mais une flèche anglaise — elle l'avait annoncé ainsi — la blesse à l'épaule, et elle tombe dans le fossé. On l'emporte, sa blessure saigne, elle pleure.

Du sang et des larmes ! la bravoure et la timidité, l'héroïne et la jeune fille, voilà bien Jeanne d'Arc !

Cependant, elle absente, l'ennemi a repris courage, l'action languit, et Dunois va faire sonner la retraite. A cette vue Jeanne se relève, arrache le trait, se met en prière et fait porter en avant son étendard : « Quand il touchera la muraille, entrez hardiment : tout est vôtre ! »

A ce moment, que ne vit-on pas ? La blessée reparaît, l'Anglais tremble, le Français monte aux remparts « comme à un escalier. » Orléans s'ébranle, les arches rompues se rétablissent, et les Tourelles sont assaillies de tous côtés. « Glacidas, Glacidas, rends-toi au Roi du ciel, j'ai grand pitié de ton âme. » A ce cri, l'impudent Glasdale a reconnu la Pucelle, et il a pâli; il sort de la citadelle, mais le pont

s'enflamme et s'effondre, et Glasdale roule dans les eaux du fleuve avec ses meilleurs soldats et des débris fumants.

C'est la troisième victoire, elle est définitive. Orléans peut sonner ses cloches, illuminer ses rues, fêter les vainqueurs qui rentrent à la clarté des torches, comme vous le faisiez hier, et faire retentir sous ces voûtes de Sainte-Croix un *Te Deum* comme on n'en chantait plus en France depuis cent ans.

Tel fut ce 7 mai 1429, la plus glorieuse journée de l'histoire d'Orléans.

Le lendemain, Talbot épouvanté abandonnait tous ses boulevards, et Jeanne courait en Touraine chercher le roi pour le conduire à Reims.

Mais ce premier signe ne suffit pas, on en veut un second : qu'elle débloque la Loire comme elle a débloqué Orléans. C'est toute une campagne ; Dieu qui a montré en elle l'intrépidité du soldat, va maintenant la conduire de manière à confondre la science et l'expérience des vieux généraux.

Le 12 juin, Jeanne fait ce siège de Jargeau, digne encore d'être chanté après l'épisode épique des Tourelles. Là, elle dresse les batteries et pointe le canon, comme le fera, à Toulon, le futur vainqueur de Marengo ; là on la vit encore monter à l'assaut, tomber au fond des fossés sous un bloc de pierre, se relever d'un bond et entraîner de nouveau le duc d'Alençon et ses chevaliers ; là on entendit cette parole, héroïque dans sa familiarité : « Gentil duc, as-tu peur »? là Suffolk dut rendre son épée ; là enfin tombèrent les derniers restes de la fierté anglaise, et nos ennemis commencèrent à comprendre que ni murailles, ni créneaux, ni boulevards, ni citadelles ne les défendraient contre cette enfant qui portait la victoire dans les plis de son étendard.

Désormais ils ne sauront plus que s'enfuir et se rendre. Trois jours après Jargeau, ils capitulent au pont de Meung, le jour suivant à Beaugency ; en moins d'une semaine, le cours de la Loire est libre en amont et en aval et, sur les bords du plus français de nos fleuves, il ne reste plus d'Anglais. Ils s'en vont à travers les plaines de la Beauce, fugitifs, mais encore à craindre ; car ils ont pour chefs Talbot le vaincu d'Orléans et Falstolf le vainqueur de Rouvray ; et s'ils ont perdu des forteresses, ils se croient encore invincibles en bataille rangée.

Jeanne leur ôtera bientôt cette dernière illusion. Ils ont cinq lieues d'avance, mais elle a des ailes, et ses chevaliers ont de bons éperons ; quand ils seraient « pendus aux nues », elle les aura. Son avant-garde est déjà aux prises avec Talbot, et avant qu'il ait pu se retrancher, elle arrive, le met en déroute, et la journée s'appelle la *chasse sanglante* de Patay.

« C'est la fortune de la guerre, » disait le vaincu au soir de la bataille. Tu te trompes Talbot, tu n'es pas le vaincu de la fortune, mais de Jeanne et de Dieu qui protège la France !

Messieurs, que dites-vous de ces faits d'armes ? L'histoire, ici, n'est-elle pas plus merveilleuse que les épopées et les légendes ?

Places délivrées ou prises d'assaut, victoire en rase campagne, illuminations soudaines, plans habilement conçus et hardiment exécutés, marches rapides, brillants coups de main, mots héroïques, blessures glorieuses, vous avez vu tout cela. En qui, Messieurs ? Dans une enfant. Gaston de Foix avait vingt-quatre ans à Ravennes, Charles VIII vingt-trois à Fornoue, Condé vingt-deux à Rocroi ; après Orléans, Jargeau et Patay, Jeanne d'Arc n'a pas dix-huit ans.

Et dans cette enfant victorieuse, que de choses nous n'avons pas eu le temps d'admirer, emportés que nous étions par l'élan de sa course et la rapidité de ses triomphes ! Nous avons vu briller son épée et avancer sa bannière ; nous n'avons pas lu dans son âme, ni senti battre son cœur. Oh ! Messieurs, arrêtons-nous un instant devant ce spectacle, il est plus beau que celui de la victoire.

Dans la poussière des camps et le bruit des batailles, sa beauté intérieure a encore grandi.

Toute mauvaise pensée s'évanouit auprès d'elle ; dans son cœur comme dans ses armoiries les lis fleurissent à côté du glaive, et la noble épée de Fierbois, qui n'a pas versé le sang anglais, se brisera un jour dans sa main pour défendre la pureté.

Vous savez sa bonté, vous qui l'avez vue au soir de Patay, penchée près des blessés qu'elle soignait comme une sœur, et si vous craignez que l'ivresse du triomphe n'altère sa simplicité, écoutez-la : « son fait n'est qu'un ministère »; victorieuse, elle n'aspire qu'à revoir son père et sa mère et à garder leurs brebis ; et à ses saintes qui ne lui refusent rien, que demande-t-elle ? le salut de son âme et pas autre chose.

Elle jeûne, elle passe des journées en prières, elle se confesse plusieurs fois la semaine, elle s'assied souvent à la sainte table, et son bonheur est de communier au milieu des petits enfants.

Et ne craignez pas, Messieurs, que ces vertus délicates aient en elle rien d'étroit ou de triste ; elles s'allient sans peine à l'entrain, à la gaieté, à la finesse et à la largeur de l'esprit. Vous citerai-je ici ces mots heureux d'une raillerie si aimable et d'un sel si gaulois, ces maximes du bon sens qui n'a jamais parlé un langage plus naturel et plus profond ? Vous lirai-je ces messages conservés comme des monuments de candeur, de droiture et d'autorité. Louis IX n'a pas de plus fière parole, Henri IV de tour plus vif, Napoléon de proclamation plus héroïque : comme si Dieu, à l'attrait de la vertu et à l'éclat des actions, avait voulu ajouter par surcroît le prestige d'une parole éloquente.

Ainsi, dans le feu des combats, son âme comme son visage a pris je ne sais quelle mâle beauté, aussi douce, mais plus forte, d'un charme aussi pénétrant, mais plus impérieux, qui force l'admiration tout en gagnant la sympathie.

Un dernier rayon est tombé d'en haut, qui n'a rien détruit, mais tout transfiguré : c'est le rayon de la gloire.

La gloire, Français, nous ne pouvons pas nous en passer, et nous ferions, pour la conquérir, des folies sublimes. Il nous reste toujours celle que donnent les arts, la science, les chefs-d'œuvre de l'esprit ; mais rien ne remplace pour nous la gloire des armes. Quel abattement quand ce rayon vient à s'éteindre ! quel tressaillement quand il se ranime ! Viendrait-il du fond de l'Extrême-Orient, peu importe : il traverse les Océans sans pâlir, et quand il arrive aux rivages de la patrie, il l'illumine et la fait frissonner tout entière. Avec quelle ivresse nous le saluerons, Messieurs, quand, à l'heure marquée par Dieu, il se lèvera à la frontière avec votre épée victorieuse !

Or, en 1429, on avait désappris tout cela. Charles V et Du Guesclin nous avaient rendu la joie de l'honneur, joie austère comme celle de la bonne conscience; mais ils avaient passé comme l'éclair dans la nuit, et depuis cent ans, grand espace dans la vie d'un peuple, la France ignorait les enivrements de la gloire.

Jeanne d'Arc les lui rendit. Comprenez, Français, l'enthousiasme qui courut alors d'une frontière à l'autre et l'éclat qui en rejaillit sur son front. Sa gloire éclairait la Patrie. Elle n'avait plus qu'à marcher dans sa beauté, *specie tuâ et pulchritudine tuâ intende*, à voler de ville en ville. Auxerre, Troyes, Châlons lui ouvriraient leurs portes ; rien ne lui résisterait, elle entrainerait le roi, la cour, l'armée, le peuple ; elle régnerait sur tous les cœurs, *prosperè procede et regna*. Et quand elle se montra au sacre de Reims, si grande et si simple, si douce et si fière, avec le rayon de la gloire au front, devant cette figure éblouissante comme une vision, la France put croire un moment qu'elle voyait de ses yeux, dans sa jeune et triomphante libératrice, l'idéal même de la beauté humaine.

III

Mais non, Messieurs, non; la gloire n'est pas l'idéal de la beauté.

La gloire humaine est vide, elle est fragile, elle meurt et ne laisse après elle qu'un retentissement inutile; fût-elle pure et solide, si on la poussait à bout, comme parle Bossuet, on y trouverait encore la vanité.

Il faut donc autre chose pour achever la beauté de Jeanne d'Arc.

Au-dessus de la beauté qui ravit et enthousiasme, il y a une autre beauté, si grande qu'elle accable, si haute qu'elle donne le vertige, si vive que son éclat fait peur; devant elle l'homme sent sa petitesse, et il frissonne comme s'il voyait passer l'infini. Cette beauté-là, c'est le sublime. Où Jeanne d'Arc va-t-elle trouver ce rayon qui lui manque?

Si je le demande à la sagesse antique, Platon me montre, au sommet de la grandeur morale, « le Juste accusé, torturé, supplicié ». Si je le demande au livre qui ne trompe pas, à l'Évangile, il me montre l'image de Jésus-Christ crucifié. Jésus-Christ, sa figure est la plus resplendissante de l'histoire ; et cependant la gloire des miracles et d'un enseignement sublime ne lui a pas suffi : il a fallu, pour consommer sa divine beauté, les souffrances de la Passion et la mort de la croix : *gloriâ et honore coronatum... decebat... per passionem consummare.*

C'est que, Messieurs, il y a quelque chose de supérieur

à la gloire, c'est le sacrifice ; quelque chose de plus grand que de vivre pur et honoré, c'est de souffrir et de mourir pour une grande cause, pour la patrie comme un héros, pour la vérité comme un martyr, pour le salut d'un peuple comme un rédempteur.

Oh ! Jeanne, Jeanne, tu es trop grande pour te contenter de la gloire ; tu ne peux pas finir dans l'obscurité de ton village, dans le silence d'un cloître, sous les faux brillants d'une couronne périssable ; il faut monter plus haut, il faut gravir l'âpre sommet de la douleur, il faut gagner la grande victoire prédite par les voix, il faut souffrir, il faut mourir.

N'en murmurons pas, chrétiens ; ces immolations sublimes nous épouvantent et nous indignent, quand nous les regardons d'en bas, du côté de la terre ; nous les admirerons et nous les bénirons, quand nous les verrons d'en haut, du côté du ciel, non plus dans ce moment fugitif où l'iniquité humaine les consomme, mais dans l'éternel lendemain où la justice divine les récompense. Nous y verrons alors éclater la miséricorde de Dieu ; si courtes que soient nos vues, nous y voyons dès maintenant resplendir la beauté des victimes.

Faisons donc, puisqu'il le faut, le tableau des souffrances de Jeanne, et montrons-la toujours grandissante dans la prison, devant le tribunal et sur le bûcher.

Jeanne a échoué devant Paris, elle a été lâchement abandonnée devant Compiègne, elle est tombée aux mains des Bourguignons ; mais c'est une riche proie, et les Anglais la convoitent. Il la leur faut, ils l'auront, elle est à eux. Ils l'ont payée assez cher, dix mille écus d'or, sans compter leur honneur : la haine étouffe tout, elle ne regarde ni à l'argent, ni à la honte.

Allons à Rouen, voyons-la à l'œuvre, cette haine anglaise. Je ne parle pas de ce sombre cachot, de ces lourdes chaînes, de cette poutre où sont liés les membres de la prisonnière ; je parle des angoisses inventées pour tourmenter les fibres les plus délicates de son âme.

Dans sa prison, des soldats et des seigneurs, sous leur masque de rigide vertu, insultent à son innocence : ah ! du moins, ce crime-là n'a pas été commis par des Français !

Anglais, votre haine est féroce, mais elle est bien habile ! Vous savez que Jeanne aime la France et l'Église, et, par un de ces raffinements dont vous avez le secret, vous lui donnez pour juges des Français et un évêque. Ah ! si vous avez voulu la frapper au cœur, vous avez bien réussi ; mais si vous avez voulu atteindre sa foi, son patriotisme, son noble caractère, vous vous êtes étrangement trompés.

La voyez-vous en face des tristes juges de votre choix ? Ses réponses leur arrachent des cris de colère, mais aussi des cris d'admiration : sa loyauté éclate au milieu de leur procédure tortueuse, elle est si grande et eux si bas, qu'elle semble parfois parler comme un juge et ces gens-là répondre comme des accusés.

Elle était belle aux Tourelles et à Patay, entourée de ses compagnons d'armes, les Dunois, les La Hire, les Alençon ; elle l'est davantage ici devant ses geôliers, ses juges et ses bourreaux. Le peintre place l'ombre à côté de la lumière, le poète met Joas entre Mathan et Athalie ; Dieu s'est servi de vous pour donner à Jeanne cette clarté plus vive, que le contraste de ces odieuses figures fait jaillir sur la sienne.

Maintenant, Messieurs, entendez ses paroles.

« La paix qu'il faut avec l'Anglais, c'est qu'il s'en aille. »

« Avant sept ans, il perdra un plus grand gage qu'Orléans. »

« Ils seront boutés hors de toute France, excepté ceux qui y mourront ; seraient-ils cent mille de plus, ils n'auront pas le royaume. » Voilà comment elle parle devant Winchester et Warwick.

« Je suis chrétienne, et bonne chrétienne, je n'ai pas failli dans la foi, je crois à l'Église, et je voudrais la servir de tout mon cœur; car l'Église et Notre-Seigneur Jésus, c'est tout un. » Voilà comment elle parle devant l'évêque de Beauvais.

Les mauvais Français ne l'ont pas empêchée d'aimer la France ; les mauvais prêtres ne l'empêchent pas d'aimer l'Église. Elle sait bien, l'enfant inspirée, que si ces hommes peuvent se déshonorer eux-mêmes, ils n'ont pas, grâce à Dieu, le pouvoir de déshonorer la justice en la violant, ni de rendre la vérité moins belle en la trahissant.

C'est donc en vain qu'on l'a soumise à toutes ces tortures ; son âme en est sortie plus forte et plus radieuse, comme le fer qui devient lumineux dans les flammes et qui jette des étincelles sous les coups du marteau.

C'en est assez. Ces scènes odieuses et sublimes ont duré plus de trois mois, il faut en finir : Anglais, il ne manque plus qu'une chose à votre haine et à sa beauté. Ouvrez les portes de sa prison, escortez la fatale charrette jusqu'au vieux marché ; vaillants guerriers, vous êtes huit cents pour un si bel exploit !

Déjà, sur deux estrades, siègent vos juges, vos magistrats, vos nobles seigneurs ; le peuple et les soldats se pressent autour du bûcher qui s'élève bien haut au-dessus de la foule. Amenez votre victime, et contemplez-la une dernière fois. Au premier moment, elle pleure ; que voulez-vous, elle est femme, elle est jeune, et elle va mourir ! Mais elle a prié, et bientôt elle se relève intrépide. Les prédicateurs et les juges se taisent, la foule fait silence, et maintenant c'est la martyre qui parle. Elle se recommande aux prières des prêtres, elle pardonne à l'Angleterre, elle

en appelle encore à la conscience du malheureux évêque
« par qui elle meurt » ; elle affirme une dernière fois son
amour pour la France et finit par cette grande parole dont
l'écho retentit toujours : « Oui, mes voix étaient de Dieu,
elles ne m'ont pas trompée. »

A ces accents, dix mille hommes se prennent à pleurer,
les Anglais s'émeuvent, les lâches se frappent la poitrine,
les bourreaux pâlissent, les juges s'enfuient. Cependant la
flamme grandit et monte ; Jeanne a congédié le prêtre qui
se tenait près d'elle au sommet du bûcher, elle ne veut plus
voir que la croix qu'il tient bien haut devant elle ; la fumée
l'enveloppe tout entière, mais soudain, un coup de vent
l'écarte, et une dernière fois, illuminée par les flammes, sa
figure apparaît face à face avec l'image du Dieu crucifié.

Jésus-Christ et Jeanne d'Arc !

Mon Dieu, pardonnez-moi ce rapprochement, c'est vous
qui l'avez fait. Jeanne est innocente, c'est une victime
comme vous ; comme vous elle a son Judas, Jean de Luxem-
bourg ; son Caïphe, le triste évêque de Beauvais ; son Hé-
rode, Warwick ; son Pilate, qui donc ? si ce n'est Charles VII,
c'est au moins son favori La Trémouille ; son bourreau,
l'Anglais. Auprès d'elle comme auprès de vous, je vois des
faux témoins, des juges iniques, des docteurs, des scribes,
des princes des prêtres, des soldats insolents. L'impassibi-
lité anglaise remplace bien l'hypocrisie juive. Elle a, elle
aussi, son jardin des Oliviers, à Saint-Ouen ; elle connaît
comme vous les déchirements de la chair et les frémisse-
ments de la pudeur, quand on lui arrache ses vêtements ;
elle a sur Rouen les attendrissements et les larmes que vous
aviez sur Jérusalem ; comme vous, elle souffre le délaisse-
ment du ciel et goûte les consolations des Anges ; comme

vous elle meurt pour son peuple, et, à son dernier soupir, j'entends comme un écho de la voix du centurion : « Nous sommes perdus, car nous avons brûlé une sainte. »

Ce n'est pas un martyre, Messieurs, c'est une passion. Aucun trait n'y manque : Jeanne est la copie, et Jésus est le modèle. Un rayon divin tombe de la croix sur son bûcher et du front de Jésus-Christ sur son front, c'est la même auréole, la même lumière qui descend du Rédempteur du monde sur la rédemptrice de la France. La sublime beauté, la splendeur incomparable, la voilà, c'est la ressemblance avec Jésus-Christ : *Conformes fieri imaginis Christi.*

Et maintenant tu ne peux plus t'élever plus haut, ta beauté est achevée, fille de Dieu, monte au ciel. Si je pouvais douter de l'immortalité, j'y croirais en te voyant mourir. Tu as été à la peine, monte là-haut à l'immortel honneur! Et pendant que la justice de Dieu te revêt au ciel de la splendeur qui consomme à jamais ta beauté, ici-bas aussi elle poursuit son œuvre : tes bourreaux, Loyseleur, Midy, d'Estivet, Bedford, Cauchon, périssent misérablement; l'Anglais est vaincu et chassé comme tu l'avais prédit; la France ressuscitée par toi ne meurt plus, elle traverse les siècles vivante, unie et forte; sa gloire subit des vicissitudes, mais ne peut plus s'éteindre; et toi-même, tu vois croître ta renommée à chaque pas; le Pape casse l'arrêt de Rouen et te réhabilite; la poésie et les arts te célèbrent tout en avouant leur impuissance; Orléans et la France entière te vouent une reconnaissance toujours grandissante; tous les cœurs français redisent les luttes et tes victoires, leur admiration te compose le plus vivant et le plus beau des poèmes, et ainsi, au ciel et sur la terre, ta beauté est complète; le grand drame est achevé, le dénouement comme l'exposition et les péripéties, tout est divin.

J'ai essayé, Messieurs, de peindre l'âme de Jeanne d'Arc. Si maintenant je cherche à analyser sa beauté, partout, dans la grâce naïve et les entretiens célestes de son enfance, dans ses combats et ses triomphes, dans ses souffrances et son martyre, je trouve deux traits qui se mêlent et sont devenus inséparables : elle est fille de Dieu et fille de la France.

Effacez un seul de ces deux traits, vous la défigurez.

Ôtez-lui son entrain, sa hardiesse, sa franchise, sa naïveté, sa gaieté, sa droiture : ce n'est plus une Française, mais aussi, ce n'est plus Jeanne d'Arc. Ôtez-lui sa pureté, sa piété si tendre, son humilité ; ôtez-lui son Archange et ses Saintes, ôtez-lui Jésus-Christ et la sainte Communion ; ce n'est plus une chrétienne, mais aussi ce n'est plus Jeanne d'Arc. Pour retrouver sa physionomie si belle et si originale, il faut réunir tous les rayons de ces deux faisceaux lumineux et les faire jaillir du même foyer.

Chrétiens et Français, soyons-en fiers ; chez aucun peuple, dans aucune histoire, il n'y a de figure qui lui soit comparable. Nous pouvons le dire sans orgueil, puisque tout ici est l'œuvre de Dieu ; mais disons-le à l'honneur de notre foi et de notre patrie : cette fleur exquise n'a pu s'épanouir que sur la terre de France et au soleil de l'Évangile.

Elle est chrétienne, elle est française.

Elle aime l'Église et elle aime la France.

Qui donc, Messieurs, voudrait séparer ce qu'elle a si bien uni ? Personne n'y pense, d'ailleurs, devant cette figure douce et glorieuse comme la Patrie elle-même, *suavis et decora sicut Jerusalem*.

Devant elle, les Armagnacs et les Bourguignons ont oublié leurs vieilles discordes, devant elle aussi nos divisions ou plutôt nos malentendus s'effacent. Soldats et prêtres marchaient ensemble sous sa bannière, nous y marchons encore ; la Religion et la Patrie se donnent toujours la main devant cet étendard. Vous l'avez vu hier. Quand il s'agit de Jeanne d'Arc, en vérité, nous n'avons plus qu'un cœur et qu'une âme. Il en sera toujours ainsi, n'est-ce pas, Messieurs?

L'avenir est à Dieu, et nul ne peut le prévoir ; mais ne voyez-vous pas ce qui se prépare?

Sa fête ne deviendra-t-elle pas la fête de la France? Ce n'est pas encore une loi, mais déjà c'est un vœu national.

Et les représentants de la Religion, les entendez-vous? Hier Reims et Rouen, la ville du triomphe et celle du martyre, par la voix de leurs archevêques, demandaient sa béatification ; aujourd'hui les Églises de l'Orient envoient un de leurs évêques pour la demander avec nous, aujourd'hui c'est l'attente du monde chrétien tout entier, c'est le désir du Chef de l'Église.

Vous l'avez vu, Monseigneur, ce Pontife pacificateur qui a des vues si larges sur le présent et si profondes sur l'avenir, et de Rome, vous avez rapporté l'espérance.

Espérons-le donc, il viendra ce jour, le plus beau du siècle pour la cité, pour le pays de Jeanne d'Arc, ce jour où nos voix chrétiennes la diront bienheureuse, en même temps que nos voix françaises acclameront en elle la Protectrice de la Patrie. Oui, il viendra ; et si nous ne le voyons pas, vous le verrez, vous du moins, jeunesse bien-aimée, en qui nous voudrions former des âmes comme la sienne ; vous le verrez, et ce jour-là, dans notre beau pays de France, il n'y aura qu'un seul cri, qu'un seul amour ; l'union sera complète et la joie sera sans mélange, dans la Patrie de la terre comme dans la Patrie du Ciel !

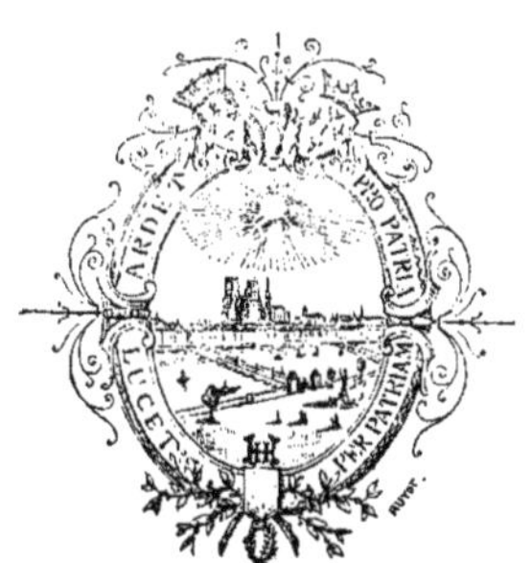

PANÉGYRISTES DE JEANNE D'ARC

DONT LES DISCOURS ONT ÉTÉ IMPRIMÉS

MM.

- 1759 et 1760. Marolles (Claude de)
- 1764. Loiseau.
- 1766. Colas.
- 1767. Perdoux.
- 1779. Géry (De).
- 1805 et 1811. Pataud.
- 1817. Bernet.
- 1819. Frayssinous.
- 1821 et 1823. Feutrier.
- 1825. Longin.
- 1826. Girod.
- 1828. Deguerry.
- 1829. Morisset.
- 1830. Le Courtier.
- 1844. Pie.
- 1845. Berland.
- 1850. Barthélemy de Beauregard
- 1853. Le même.
- 1855. Mgr Dupanloup.
- 1856. Deguerry.
- 1857. Mgr Gillis.
- 1858. Place (De).
- 1859. Chevojon.
- 1860. Freppel.
- 1861. Desbrosses.

MM.

- 1862. Perreyve.
- 1863. Mermillod.
- 1864. Thomas.
- 1865. Bougaud.
- 1866. Lagrange.
- 1867. Freppel.
- 1868. Baunard.
- 1869. Mgr Dupanloup.
- 1872. Perraud.
- 1873. Leman (J.).
- 1874. Leman (A.).
- 1875. Bernard.
- 1876. D'Hulst.
- 1877. Monsabré (R. P.).
- 1878. Rouquette.
- 1879. Mgr Turinaz.
- 1880. Mgr Besson.
- 1881. Planus.
- 1882. Mgr Germain.
- 1883. Laroche.
- 1884. Chapon.
- 1885. S. E. Mgr Langénieux.
- 1885. S. G. Mgr Thomas (Rouen).
- 1886. Vié.

La librairie HERLUISON *se charge de fournir ces brochures.*

IMP. GEORGES JACOB, — ORLÉANS.